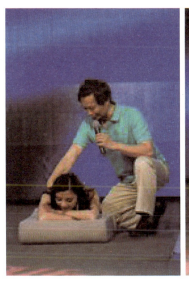

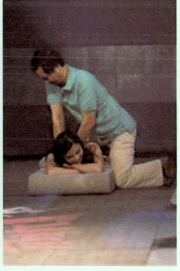

张富源在江苏卫视《非诚勿扰》节目现场为女嘉宾徒手塑形

张富源在江苏卫视《最强大脑》节目现场成功挑战"摸骨识人"

章子怡在江苏卫视《最强大脑》节目现场体验张富源的徒手塑形

张富源参加中央电视台综艺频道《星光大道》节目录制

张富源在湖南卫视《天天向上》节目现场为天天兄弟钱枫做脸部塑形

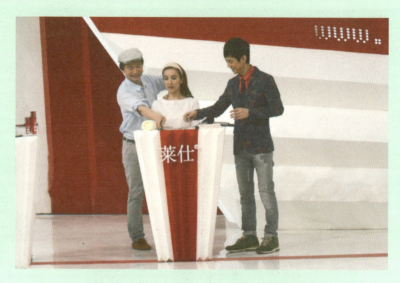

张富源在湖南卫视《我是大美人》节目现场为吴昕做脸部塑形

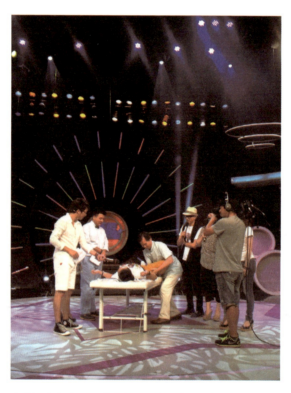

张富源在东方卫视《陈辰全明星》节目现场为嘉宾矫正骨盆

张富源在东方卫视《X诊所》节目现场指导主持人和嘉宾利用棍子矫正身形

张富源在东方卫视《36.7℃明星听诊会》节目现场指导主持人周瑾做矫正身形的动作示范

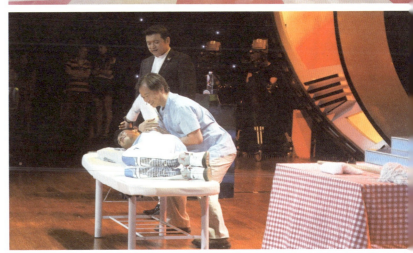

张富源在深圳卫视《年代秀》节目现场为陈伟霆矫正体形

张富源在深圳电视台娱乐频道《食客准备》节目现场为观众矫正腿形

张富源担任安徽卫视《年轻十岁》节目塑形导师

张富源参加台湾TVBS欢乐台《女人我最大》节目录制

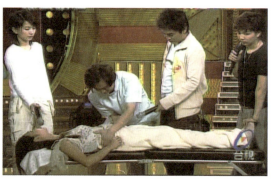

张富源在台湾电视公司《综艺旗舰》节目现场用徒手塑形让S.H.E.的ELLA臀部小了一圈

张富源在台湾中天综合台《康熙来了》节目现场为小芭修整国字脸

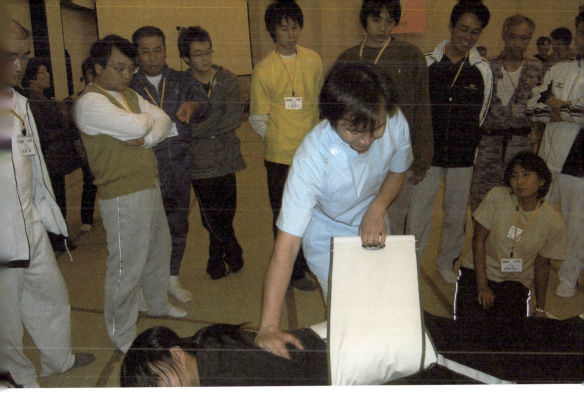

张富源在日本整体学会全国大会现场做徒手塑形示范

张富源在全球通VIP俱乐部名家大讲堂上做演讲

张富源在成都市新都一中做"姿势矫正"的演讲

张富源在浙江千人明星慈善晚会上做演讲

张富源对荣威、MG车主做"人体健康自然疗法"的演讲

张富源对金地美业员工做眼周喷雾应用培训

姿势对了
你就美了

3D 互动图书

第2版

张富源 /著

北京大学出版社
PEKING UNIVERSITY PRESS

图书在版编目（CIP）数据

姿势对了，你就美了 / 张富源著. — 2版. — 北京：北京大学出版社，2018.1
ISBN 978-7-301-28928-0

Ⅰ.①姿… Ⅱ.①张… Ⅲ.①形体 – 健身运动 Ⅳ.①G831.3

中国版本图书馆CIP数据核字（2017）第263545号

书　　名	姿势对了，你就美了（第2版）
	Zishi Dui le, Ni jiu Mei le（Di-er Ban）
著作责任者	张富源 著
责任编辑	刘　维　代　卉
标准书号	ISBN 978-7-301-28928-0
出版发行	北京大学出版社
地　　址	北京市海淀区成府路205号 100871
网　　址	http://www.pup.cn　新浪微博：@北京大学出版社
电子信箱	yangsxiu@163.com
电　　话	邮购部62752015　发行部62750672　编辑部62764976
印刷者	固安县京平诚乾印刷有限公司
经销者	新华书店
	787毫米×1092毫米　16开本　12.5印张　122千字
	2014年4月第1版
	2018年1月第2版　2019年12月第3次印刷
定　　价	45.00元

未经许可，不得以任何方式复制或抄袭本书之部分或全部内容。
版权所有，侵权必究
举报电话：010-62752024 电子信箱：fd@pup.pku.edu.cn
图书如有印装质量问题，请与出版部联系，电话：010-62756370

第 2 版 前言

《姿势对了，你就美了》第 1 版于 2014 年 4 月出版，我非常感谢大家的支持与鼓励，让这本书登上瘦身美体类图书的畅销榜单。之后两年多，我在全国各地巡回演讲的过程中，以及通过微博、微信等渠道，接收到了读者的一些反馈。结合读者与出版社的意见和建议，我对本书进行了修订。在保留第 1 版精华与特色的基础上，对第 1 版中的不足之处进行了修正，并更换模特重新拍摄了 200 多张动作示范照片，力求演示角度更精准，让读者能够轻松看懂、简单照做。值得一提的是，对于书中涉及的有些稍微难理解的动作，我专门录制了 22 个视频，视频中我有更详细的说明与讲解，这样一来，读者在学习该动作时，只要扫描二维码就可以观看，而且一看就懂，一学就会。另外，虽然有的动作的细节图片和视频不完全一致，但效果是相同的。

我研究整骨塑形技术将近 30 年，经过我所塑造出来的美女，有 6 万人之多。而那些无法经过我手塑造的人经常问我的一个问题就是"有没有适合自己做的塑形动作，不费力还有效"。的确，很多人想拥有美丽，但又很懒，不愿意运动、锻炼，针对这些人群，我研究出了一套用最简单、最少量的活动就可以改变身材的 DIY 塑形法。本书中提及的动作虽然部分类似于普拉提和瑜伽，但动作要领却是有差别的，最大的不同是我设计的动作目的在于矫正体形，方法要领是为了让人体骨架缩进去。相信在不同电视节目中看过我演示的人都知道，我的手法看起来像正骨等治疗手法，但却能立刻让人缩小一个尺寸。当然无论是 DIY（自己动手做）塑形法，还是我的徒手塑形的方法，都是我将近 30 年的实践经验积累出来的，书里所列的动作也都是为了让读者能够简单地照着做就可以拥有好身材。

本书尽量涵盖导致人体全身各部位会变形的习惯以及自我矫正的方法，但对于那些一般人无法或很难自我矫正的问题，我推荐读者寻找专业人士进行诊断评估及治疗。譬如面部左右不对称比较明显的人通常都有脊柱侧弯的问题，至于严重程度如何、需要什么样的治疗方法等就得靠医疗专家来判断了，自我判断错了的话，可能会因采用不正确的治疗方法而造成更大的问题。

本书是特地为爱美人士写的，内容通俗易懂，没有涉及令普通读者看不懂的专业术语。那些需要了解更多专业知识或者想学习手法的人士，可以关注我的新浪微博、微信公众号，或者参加我的培训班。

感谢为本书做出了无数努力的北京大学出版社的各位同仁，感谢拍摄本书配套视频的北京多用信息技术有限公司，感谢担任本书动作示范的模特陈美琪，感谢一直支持我的粉丝，还有那些默默支持我的人们，谢谢你们给这本书带来的精彩！在此，我依然希望各位读者能热情反馈，有任何心得都可以来我的新浪微博上分享。需要注意的是，你可以在我的微博留言，我会统一在微博上面做解答。但请不要用私信的方式，因为我无法一一回复，而且很多问题都是重复的。

最后，请记住，本书提供的不是普通的运动或瘦身操，每一个自我矫正动作都是能够让人体的骨架子往完美的方向调整的，每一个自我按摩动作都是效果明显的，能够代谢脂肪、消除浮肿并改善气色。有适合等车、等人时做的动作，也有适合办公或坐车时做的动作，爱美的你肯定会愿意每天都按照书里的自我调整动作来做塑形、美容。在做这些动作时，请循序渐进，注意操控的力度、角度和强度。美丽需要坚持，各位爱美女性，加油！

张富源

2017 年 6 月 24 日

第 1 版
前言

  幼时的我体弱多病，常常吃药打针，但药物对我并没有多大帮助。自此我心中常存着一个疑问——为什么我不能像别的小孩一样身强体壮，而必须经常吃药打针呢？也许是受武侠电视剧的影响，那时的我在心底经常涌起习武强身的念头。

  上初中的时候，村子里的寺庙请来了几位师父，给村里的孩子教授武术，我当然不会放过这个千载难逢的机会。就这样，经过武术的锻炼，我的身体变得强健起来。在师父的讲解下，我第一次接触了十二时辰点穴要诀和经脉穴道的运行规则，它们让我觉得人体充满了奥秘。后来，我对不必吃药就能让人恢复健康的方法产生了浓厚的兴趣。

  工作以后，我在因缘际会下进入了医学美容领域。这期间我遇到了不少瓶颈，但幸运的是有贵人相助，他们多次给予我机会，才让我成就了一番小事业。

  之后为了实现女性既要美丽又要健康的愿望，本着不吃药、不开刀也能健康美丽的原则，我开始在徒手塑形、塑身减肥方面进行研究。20多年前，美容界开始逐步引入一些自然疗法，那时我也学习了各种自然疗法与美容应用结合的成功经验。再加上日本友人的帮助，我最终如愿以偿地跨入了医学美容的轮廓和体形矫正领域。

  在台湾，我向很多爱美的女性讲授过自我雕塑身材和轮廓的方法。那么，如何只用两只手就能实现很多必须依靠手术才能达到的效果呢？其实很多问题是手术无法解决的，例如比较宽的骨盆就只能依靠徒手的调整来缩小骨盆的宽度。相信很多读者都曾在看电视节目时看过我为明星整骨，现场呈现出的效果常令人惊讶不已。许多爱美心切的观众给我打咨询电话，许多报刊也经常介绍我的 DIY 塑形法，希望可以让更多爱美女性掌握。

可我只有一双手，无法为每个想要变美的女性雕塑身材。于是，我将这些实用的知识落于纸上，希望可以用书本的形式将研究成果和经验分享给更多爱美的女性，这是最令我感到高兴的事情。书中介绍的方法都经过实际验证且效果明显，想要塑形的朋友可以根据自身需要，按照书中的示范动作进行自我雕塑。尤其是受局部肥胖困扰的女性，不要因为局部出现赘肉而使用全身减肥法，那样可能会使该瘦的部位没瘦下来，不该瘦的部位却意外地消瘦了许多，那就得不偿失了。我还要提醒大家，书中提到的方法必须由你亲身体验才能达到理想的效果。所以别光只看书，快点行动起来吧！最后，祝每一位有恒心的爱美女性都能获得美丽和健康！

张富源

2014 年 2 月 24 日

目录

1 塑造曼妙身材四大法则 1

法则一 好习惯造就好身材 3
- 保持正确的身体姿势 —— 3
- 开始肌肉训练 —— 3
- 坚持上下楼梯 —— 3
- 进行缩臀和提臀 —— 4
- 养成健康的饮食习惯 —— 4

法则二 矫正体形从靠墙做起 5
- 靠墙举手 —— 5

法则三 减肥从腰腹部开始 8
- 拉着单杠扭转下半身 —— 8
- 毛巾环绕胃围深呼吸 —— 9
- 拳头抵压腹部 —— 10
- 交叉着脚扭转上半身 —— 13
- 膝盖碰肘尖 —— 15
- 腿部伸屈运动 —— 17
- 扭身转体 —— 19

法则四 睡觉前和起床后双效塑形 21
- 腹直肌运动 —— 21
- 腹斜肌运动 —— 23
- 扭转脊柱 —— 25
- 直筒腰扭成水蛇腰 —— 27
- "燕飞式"缩小肩宽 —— 28

2 想瘦哪里就瘦哪里 姿势瘦身 DIY 29

瘦腿绝招，练就修长细腿 31

- **提臀缩胯就可以瘦腿 —— 31**

    侧抬腿 —— 32

    后伸腿 —— 33

    内外摆动腿 —— 34

    摆腿缩胯 —— 35

    直腿原地踩步 —— 37

    在椅子上抬腿提臀 —— 39

    抱膝靠胸伸展髋关节 —— 42

    两脚站成一条直线改善腿的浮肿 —— 45

    大腿根部缩进来 —— 47

    扭转毛巾瘦大腿 —— 50

    消除膝盖内侧鼓出 —— 52

- **关于瘦小腿 —— 54**

    疏通腘窝瘦腿法 —— 55

    伸展小腿肌肉 —— 57

    圆棒刮小腿肚 —— 58

    扭转毛巾瘦小腿 —— 62

    直腿伸展法 —— 64

目录

告别"拜拜袖",雕塑纤美玉臂 65

压肩仰泳式绕臂 —— 65
夹挤肩胛骨 —— 68
"招财猫式"动作 —— 69
"燕飞式"动作 —— 70
腋窝夹挤毛巾 —— 71
用毛巾矫正高耸的肩膀肌肉 —— 73
扭转瘦手臂 —— 75
抓拉胸肌 —— 77
拍打松弛手臂 —— 79
屈伸肘瘦肩臂 —— 81
左右倾斜瘦手臂 —— 83

美颈养成术，这边"颈"色独好 85

夹压颈部 —— 86
捏拉颈部的肥肉 —— 90
压切侧颈部 —— 91
低头、仰头伸展颈部 —— 93
椅背顶压后脑勺 —— 96

拯救下巴，重塑小 V 脸 100

前推下颚 —— 101
抵压消除双下巴 —— 102
拇指刮下颚 —— 103
刮除眼袋和黑眼圈 —— 105
夹捏脸颊肥肉 —— 107
食指、中指跪指状压咬肌 —— 108
扩展眼眶 —— 109
挺高鼻梁，畅通呼吸 —— 111
疏通鼻翼两侧循环 —— 113
消除疲劳，提高眼尾 —— 115

目录

3 你为什么"变形"了
身材和容貌变形的原因及自检方法 117

造成身材变形的不良习惯 119
　　衣着 —— 120
　　鞋子 —— 121
　　饮食 —— 122
　　作息 —— 123

哪些特征说明体形已经变差了 124
　　自检体形时应该观察什么 —— 124
　　背靠墙壁自检体形 —— 124
　　根据肚脐形状判断自己的身材是否变形 —— 124
　　观察肩部、背部、头颈部及胸廓 —— 126
　　从膝盖、腘窝看两脚及全身对称性 —— 129
　　小腿后弯 —— 131
　　扁平足的人的身体容易浮肿 —— 132
　　X 形腿 —— 133
　　O 形腿 —— 133
　　"小腹婆"的体形通常不好看 —— 135
　　大脚趾外翻 —— 136
　　"橘皮纹" —— 136

脸形的自我评估 138

　　自检脸形时应该观察什么 —— 138
　　观察脸的中心线与身体中心线 —— 138
　　观察颈纹 —— 139
　　圆脸双下巴 —— 140
　　高低眉 —— 141
　　腮帮子大 —— 142
　　眼周皱纹 —— 143
　　你的黑眼圈是哪一种 —— 144
　　低头族的双下巴和颈纹 —— 145
　　头大，脸当然也大 —— 145
　　眼珠子突出 —— 146

附录 147

完美塑形法 147

　　椅子上的不良坐姿 —— 147
　　地板上的不良坐姿 —— 152
　　椅子、地板上正确的坐姿 —— 154
　　不良的站姿 —— 156
　　正确的站姿 —— 161
　　不良的睡姿 —— 163
　　正确的睡姿 —— 164
　　不良的行走姿势 —— 166
　　正确的行走姿势 —— 167
　　其他不良姿势 —— 170
　　其他正确姿势 —— 171

矫正姿势的问答 172

后记 176

塑造曼妙身材
四大法则

1

法则一
好习惯造就好身材

▶ 保持正确的身体姿势

每个人或多或少会有些不良习惯,其中不良的坐姿和站姿对身材的影响很大。不良的坐姿和站姿会使骨架变形,进而导致体液循环不畅、脂肪囤积,引起下半身浮肿,有时候腿上甚至还会出现凹凸不平的"橘皮纹"。平时保持良好的坐姿和站姿,再加上简单的塑身运动、健康的饮食习惯,就能让你拥有好身材。

▶ 开始肌肉训练

我们做肌肉训练是为了让身材曲线变得更美,因为完美的体形需要肌肉来支撑。

▶ 坚持上下楼梯

上楼梯是锻炼臀部和腿部的肌肉最有效且最简单的运动。如果你的腿够长的话,可以一次跨两个台阶,这样可以增大骨盆关节的伸展作用。但是为了保证安全,下楼梯时膝关节应稍微弯曲,完全伸直容易使膝关节受伤。

▶ 进行缩臀和提臀

　　一个人的臀部如果变宽了，他的两条腿之间的距离就会增大，肥肉也就有了囤积的空间。另外，如果臀部下垂了，肥肉就被挤压到腿部，使得腿部的体液循环不畅，这样容易造成大腿根部变粗。所以，进行缩臀和提臀运动都可以起到瘦腿的作用。

▶ 养成健康的饮食习惯

　　保持正确的姿势并坚持运动有利于改善身材，但如果不注意健康饮食的话，你的身材还是会变形。健康饮食要做到不暴饮暴食，不节食，少油，少盐，均衡营养。

　　以上内容只是让读者大概了解一下好习惯的重要性，在后面的章节中我们会进行详细介绍。

法则二
矫正体形从靠墙做起

大多数身材圆滚滚的人的胸腹部是蜷缩的,背部是往外展开的。这种人靠墙站立时头不能贴到墙壁,所以需要借助靠墙举手的动作来拉伸肌肉。这个动作既可以让身体变得越来越纤细,还可以有效地改善肩颈和腰背的酸痛、僵硬等问题。

▶ 靠墙举手

脚后跟、臀部、肩胛骨、后脑勺四个部位都紧贴着墙,然后收下巴,双手掌心朝前并且靠近耳朵,双手都贴着墙壁。

平时缺乏锻炼的人身体柔韧度比较差,刚开始做靠墙举手时不要勉强,循序渐进就好了。最初练习的时候可以不用举手,正常练习时如果觉得累了也可以把手放下来放松一下,但是躯干和后脑勺必须继续贴着墙壁,保持5分钟以上。每天早中晚至少各做一次,当然必须长期坚持,不然所有的矫正都是白费功夫。

小孩如果身体姿势不正确就会引发健康问题，甚至影响发育。靠墙举手能起到矫正体形的作用，所以说这个动作非常适合家长带着小孩一起做。

靠墙举手时，身体与墙壁之间存有空隙是正常的，多次练习后空隙会越来越小。空隙小了表明你的体形也缩小了。

法则三
减肥从腰腹部开始

如果你的小腹出现肥胖有段时间了,那就要留意腰侧和胯骨连接的部位是不是也有肥肉了。这两个部位出现肥肉代表你的腰腹部肌肉力量弱了,固定体形的力量小了,因此容易出现腰酸腿胀,下半身脂肪囤积及浮肿的现象也会越来越严重。腰腹部和臀部是人身体结构的基础,影响着全身的骨架。肥肉都是先长在这些部位,然后往上发展使身体变胖,往下则会使腿的体液循环不畅。可以试着挤压你的腰腹部,肥肉是不是很厚?有没有形成凹凸不平的"橘子皮"?有的话你就要注意了。

如果你的腰腹部开始发胖,并伴有肠胃胀气、腰椎间盘突出、腰疼等病痛,你可以通过做下面的动作来改善。

▶ 拉着单杠扭转下半身

双手拉着单杠,双脚曲起悬空,下半身往左扭转并停留5~7秒,再向右扭转并停留5~7秒,左右轮流扭转,直到手酸为止。这个动作一天可做多次,不但能增强体力,还能瘦腰腹。

塑造曼妙身材
四大法则

1

▸ 毛巾环绕胃围深呼吸

本节内容视频

用毛巾从背部环绕包住上腹部胃所在的位置，双手握紧毛巾的末端，用力拉紧让双拳靠近，然后深吸气，持续7～15秒后慢慢地吐气。重复做此动作至少15次。

张老师特别提醒

这个动作可以增加腰腹部肌肉的力量，逐渐缩小骨盆，消除大肚子。

9

▶ 拳头抵压腹部

本节内容视频

第1步

将毛巾从身后绕过，位置与肚脐持平，双手握紧毛巾的两端。

塑造曼妙身材
四大法则

用拳头抵住腹部,双脚与肩同宽,身体微蹲。

第3步

用拳头抵压腹部,然后低头并蜷曲身体,同时缓缓地进行深呼吸,连续做9次。在胀气的时候,这样做可以刺激肠胃蠕动,因此做这个动作时放屁的话是正常的。

张老师特别提醒

从上腹部到下腹部的柔软部位都可以这样抵压,注意不要抵压到骨头以免产生疼痛。女性在生理期不能做这个动作。

▶ 交叉着脚扭转上半身

左脚往右前方与右脚交叉,双手手掌背对并尽量往上伸直,上半身往左边尽量扭转,3次深呼吸后换脚并换边扭转。左右各做1次为1组,连续做12组。

这个动作对脊椎和全身的关节非常有益,应该经常做。它既可以瘦身又可以保健脊椎,还可以收紧小腹。

▶ 膝盖碰肘尖

坐在椅子上，抬起左腿，膝盖和右手肘尖贴住，保持3~7秒，然后换边。左右各做1次为1组，连续做12组以上。

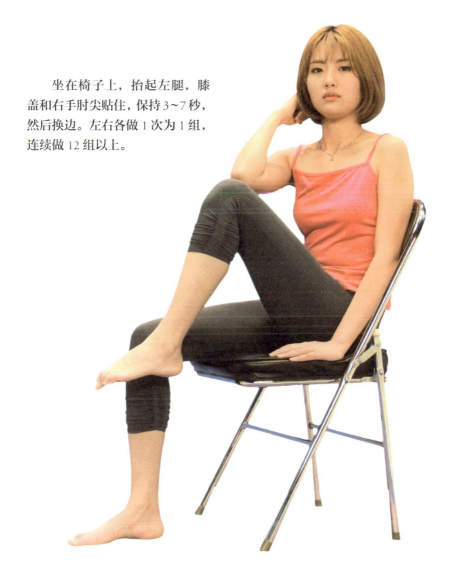

这个动作之所以要停留一段时间，是为了让腰部及背部肌肉内的乳酸排出。此外，这个动作还可以锻炼腰腹部的肌肉，避免出现全身肥胖。

张老师特别提醒

有些人因为肌肉力量不够且身体柔软度比较差，所以刚开始做这个动作时只要做到膝盖与肘尖能互相碰到就可以了。

1 塑造曼妙身材
四大法则

▶ 腿部伸屈运动

本节内容视频

第 1 步

尽量将臀部坐在椅子的最前部，上半身靠着椅背，双手扶着椅子两侧，身体保持平衡，双脚悬空伸直。

第 2 步

身体平衡后将膝盖靠近胸口并保持 5~7 秒,然后伸直 2~3 秒。腿伸直时,脚不要碰到地面,连续做 12 次以上。每次停留 5~7 秒是为了改善肠胃胀气,对于腹部力量比较弱的人来说,这是锻炼小腹最简单、最有效的动作。

塑造曼妙身材
四大法则

▶ 扭身转体

本节内容视频

第1步

双手环抱胸口，或在后颈部十指交叉握住颈部，双肘并拢。

第2步

下半身保持不动,双肘带动身体往左扭转,停留7秒后换边,左右各扭转5~7次。

张老师特别提醒

1. 扭转身体是我们平时很少做的动作。扭转时,脊椎关节和内脏都能够得到锻炼。健康的内脏才能让身体正常运转。

2. 发胖大多是从腹部开始的,胀气是发胖前的表现之一,做这个动作能促进肠胃蠕动,消除腹部胀气,所以想要预防身体发胖就应该多做这个动作。

法则四
睡觉前和起床后双效塑形

每天睡觉前或起床后，我们可以抽出一点时间，在床上做以下运动。它们的塑形效果非常明显。

▶ 腹直肌运动

第1步

身体平躺在床上，两腿并拢，双手握拳放在耳朵旁，腹部用力将上半身抬起，直到眼睛可以看到小腹时再慢慢躺平身体。反复地抬起放下，全靠腰腹部用力，脖子不要用力。反复做此动作，直到感觉腹部酸了。

身体平躺时两腿并拢,保持并拢的姿势慢慢将腿抬高,离床面约一个脚掌长的高度时再慢慢将腿放下。反复做此动作,直到感觉腿酸了。

1. 做仰卧起坐通常是身体躺平、脚不动或有人压住脚,然后整个身体离开床面,双手手指摸到脚尖。其实这对腰椎有一定的伤害,建议以后不要再做了。

2. 常出现腰酸背痛的人必须锻炼腹部肌肉群的力量,腹腔就像轮胎一样是支撑身体的,腹肌就相当于轮胎的橡胶,必须有足够的弹性才可以撑起身体。

3. 肥胖的人因为腹肌力量不够,所以肚子挺了出去,腰椎凹陷很深。只有通过锻炼腹肌,才能彻底消除腰腹部的肥胖。

▶ 腹斜肌运动

身体平躺时两腿并拢，双手五指张开或半握拳放在耳朵旁，转动身体让左手肘尖和右腿膝盖碰触，然后慢慢放下躺平再换边。反复做此动作，直到感觉腹部酸了。

张老师特别提醒

1. 想要拥有S形的腰部曲线,就应该多锻炼腹斜肌。

2. 肋骨扩张的人也可以通过锻炼腹斜肌将肋骨往内收。

▶ 扭转脊柱

本节内容视频

身体平躺时两腿弯曲，脚掌踩放在床上，双手手指交叉放在后脑勺，手肘平放在床上以固定上半身，两腿同时摆到左侧停留约 7 秒后换边，左右各扭转 6～8 次。

1. 腰粗臀部大的人的肠胃蠕动能力是比较差的。这类人在睡觉前或醒来后扭动身体，可以让肠胃保持通畅。

2. 做这个动作可以放松腰部肌肉，能缓解因劳累引起的腰部酸痛。

直筒腰扭成水蛇腰

头部朝上,左手压在腹部左侧肋骨处,右手把左腿膝盖拉向右边并尽量贴近床面,保持7秒再换边。

张老师特别提醒

直筒腰的人的肋骨是扩张的,通常容易胀气。这个动作主要是通过扭转身体来产生收缩力挤压肠胃,让肠胃动起来,消除胀气。

▶ "燕飞式"缩小肩宽

趴卧时双手紧贴身体，头抬高离开床面，手掌背对并互相靠近，使两侧肩胛骨往中间挤压，保持7秒后放下。重复此动作，直到背部有酸胀感为止。

张老师特别提醒

做这个动作可以增强背部肌肉的力量，缩小肩部的宽度，也可以用来矫正驼背。

想瘦哪里就瘦哪里
姿势瘦身 DIY

2

瘦腿绝招，练就修长细腿

拥有修长美腿是每位女性都追求和渴望的。许多女性的双腿都不短，但却不够直，线条也不够纤细，或是在腿的某些部位囤积了过多的脂肪，从而破坏了腿部的整体美感。

提臀缩胯就可以瘦腿

大腿粗的女性通常骨盆也比较宽。跷二郎腿或弓着背的坐姿都是造成骨盆宽的原因。可以经常做不同方向的抬腿运动以增强腰臀部肌肉的力量，这样外扩的骨盆就被拉进去了。

大腿粗往往是由臀部下垂挤压造成的，臀部的提高能把腿部的肌肉往上拉，拉上去后，腿就变细了一些。

侧抬腿

以单腿为身体重心支撑站立,脚尖朝正前方;另一条腿往外张开,停留 5~7 秒后放下。接着换腿做这个动作,反复做 2~3 分钟。

本节内容视频

后伸腿

以单腿为身体重点支撑站立,脚尖朝正前方;另一条腿往后伸,停留5~7秒。接着换腿做这个动作,反复做2~3分钟。

▶ 内外摆动腿

以单腿为身体重心支撑站立,脚尖朝正前方;另一条腿往外再往内来回摆动,每次停留 5~7 秒。接着换腿做这个动作,反复做 2~3 分钟。

摆腿缩胯

第1步
以单腿为身体重心支撑站立。

第2步
另一条腿往外张开,然后向前摆向另一侧。

姿势对了，你就美了 第2版

第3步

接着向后摆向另一侧。重复做，直到感觉腿酸了再换腿摆动。

张老师特别提醒

1. 不要小看这个动作，腿离开地面后是靠骨盆的力量把整条腿带动起来，因此做此动作能增强骨盆肌肉的力量，并且起到提臀的作用。在摆腿的过程中，两条腿交叉可以让胯形成一个往内缩的力。缩胯的同时又提臀了，大腿当然就会瘦了。

2. 这是一个站着就可以做的缩胯动作，比如平常你等公交车或地铁的时候就可以做。一天多做几次，这样效果才明显。

▶ 直腿原地踩步

　　站立时两腿间隔一个脚掌宽，原地踩步但膝盖不能弯曲，也不要用力往后绷紧膝盖，以免小腿往后弯。这个动作主要是带动腰胯之间的肌肉，提高整个臀部的高度。打电话或路边等车时适合做这个动作。

张老师特别提醒

1. 刚开始做这个动作时，可以双手叉腰或是张开双臂以维持身体平衡。

2. 多做几次这个动作，你的腰、臀等部位的温度就会上升了。

3. 有些女性在生理期，身体会出现局部浮肿或小腹出现下坠感，做这个动作，可以减轻这些生理期的不适症状。

▶ 在椅子上抬腿提臀

趴跪在椅子上,双手扶着椅背以维持身体平衡。

第 2 步

一条腿向后伸直抬腿停留 7 秒，然后收回来，换另外一条腿向后伸直抬腿停留 7 秒。

第3步

两腿轮流进行这个动作，直到感觉腿酸了才可以休息。在做的过程中，一定要注意让身体保持平衡。

张老师 特别提醒

这是在办公室里随时都可以做的提臀动作。向后抬腿要靠臀部的肌肉收缩带动，所以这个动作能够锻炼臀部的肌肉，使臀部集中上挺。

▶ 抱膝靠胸伸展髋关节

第1步

坐在椅子上,双手抱住右腿膝盖向右侧胸口紧贴,贴住 7 秒后将腿放下。

第 2 步

将右脚脚踝放在左腿膝盖上,右手下压右腿膝盖,压住 7 秒后将腿放下。

第3步

换左腿做与前两步相同的动作。两腿轮流各做 7 次。

做这组动作除了能促进下半身的体液循环外，还能缓解痛经。痛经时做这组动作可以避免小腹的强烈收缩。因为痛经时小腹正出现疼痛，为增加缓解疼痛的效果，每个动作的停留时间应延长到 30 秒。

两脚站成一条直线改善腿的浮肿

两脚的脚掌在一条直线上,前腿尽量屈膝。

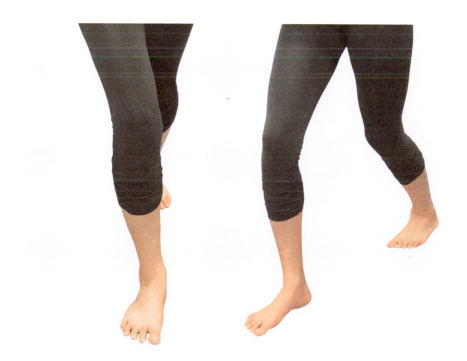

第2步

前腿的小腿与地面垂直,后脚完全伸直,后脚脚掌踩平,保持至少30秒后身体会发热甚至流汗,两脚换边轮流做这个动作。

张老师特别提醒

两脚站成一条直线可以改善腿的浮肿,虚胖的人应坚持按此动作早晚锻炼至少10分钟。对一般人来说,做这个动作有点难度,主要难在如何维持身体平衡。所以大部分人做这个动作的时候会全身冒汗,建议循序渐进,不要勉强。

▶ 大腿根部缩进来

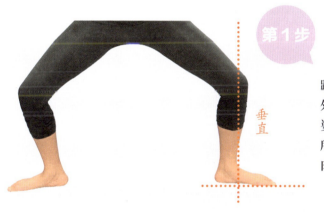

第1步

垂直

背靠墙壁，两腿蹲马步，脚尖尽量往外张开。这样的身体姿势很难维持平衡，所以腰、臀、腿的肌肉会用力拉住。

第2步

双手呈刀状连续"砍"大腿内侧3分钟,也可以用掌心拍打,这样做可以增强大腿内侧的肌肉力量,同时软化大腿上的脂肪。

想瘦哪里就瘦哪里
姿势瘦身 DIY 2

张老师 特别提醒

做这个动作时，如果两脚距离太近的话，膝盖的弯曲角度就比较小，使得膝盖内侧的压力加大，此时会感觉整个动作做得不舒服。建议每天早晚各做一次这个动作，效果会更好。

扭转毛巾瘦大腿

本节内容视频

第1步

用毛巾缠绕左大腿一圈，双手各握紧毛巾的一端。右手拉毛巾并紧贴上身，同时右臂像拔河一样夹紧，保持5～7秒后放松。毛巾缠绕处从大腿根部开始，往外直到膝盖。重复这组动作7次。然后换边做同样的动作。

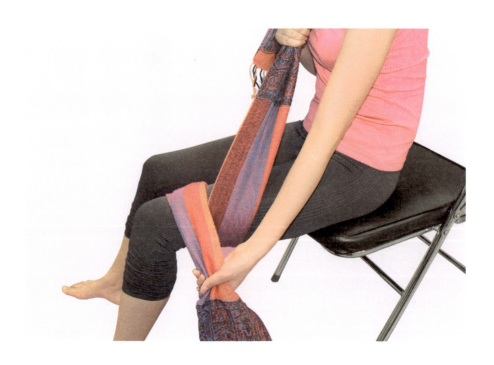

想瘦哪里就瘦哪里
姿势瘦身 DIY

2

第 2 步

用毛巾缠绕左大腿一圈,双手各握紧毛巾的一端。左手往下拉毛巾保持 7 秒后放松。毛巾缠绕处从大腿根部开始,往外直到膝盖。重复这组动作 7 次。然后换边做同样的动作。

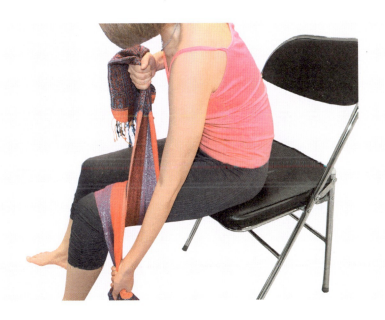

张老师特别提醒

1. 泡温泉可以加速新陈代谢,因此泡温泉时做这个动作能达到更好的瘦腿效果。

2. 因为大腿上面是臀部,下面是小腿,所以松开毛巾之后,从腰、腹、臀一直到小腿都会感觉非常轻松。

3. 女性生理期的腿部浮肿可以用这种方法进行消肿。

▶ 消除膝盖内侧鼓出

第1步　两脚之间放一个玻璃瓶或不锈钢瓶,夹住瓶子不让其掉落。

第2步　右腿向前,左腿向后,让瓶子滚动。

想瘦哪里就瘦哪里
姿势瘦身 DIY

第 3 步

两条腿交替向前，让瓶子在两腿的膝盖内侧滚动。

这个动作看起来简单，但是你做六七次就会觉得腿发酸了，说明这是很好的瘦腿动作。

关于瘦小腿

想要瘦小腿必须抓住重点，你的小腿不是单纯的粗而已，仔细观察你会发现是小腿变形导致小腿肚比较粗。无论是穿高跟鞋造成的小腿肚肌肉变形，还是久坐、久站造成的小腿浮肿，都要先将小腿拉直了才能使它较快地变细。因为拉直小腿能让小腿血液循环变得顺畅。

另外，小腿粗硬的部分不是肌肉，而是纤维化了的脂肪。你可以通过按摩软化脂肪。泡热水澡或者热敷也能软化脂肪。

"萝卜腿"是无法并拢的。想要矫正小腿可以用宽一点的腰带或裤袜把小腿绑在一起，让小腿之间的空隙缩小，然后站立 15～20 分钟。但是千万不要在睡觉的时候绑腿，不然会阻碍体液循环。如果你平常久坐的话，必须不时地活动膝关节和踝关节，这样可以避免体液循环不畅，还可以矫正小腿。

▸ 疏通腘窝瘦腿法

右脚踩在椅子上,右腿膝盖后侧的腘窝处夹住一条卷成团状的毛巾。

第2步

身体向前让大腿和小腿紧贴，保持 7 秒后稍微放松，反复压放至少 7 次。换另一条腿做同样的动作。

静脉曲张的人的腘窝经常鼓出来一坨肉，整个膝盖就显得比较粗，而且这坨肉会阻碍膝关节和小腿的体液循环。

伸展小腿肌肉

第 1 步

小腿向前伸,脚掌向前,整个脚掌踩着地板,让小腿前侧的韧带完全伸展 5～7 秒。

第 2 步

脚趾头向后勾,坚持 5～7 秒,重复做这个动作 2 分钟。

> **张老师特别提醒**
>
> 反复做这个类似踩刹车的动作可以消除小腿浮肿。无论是在办公室工作,还是在外搭乘飞机或汽车,只要坐着就能做这个伸展动作。

▶ 圆棒刮小腿肚

第1步

取一根圆棒，对圆棒的材质、粗细都没有特殊要求，可以根据自己的喜好来选择。

用圆棒从脚踝开始向上刮小腿肚外则，刮到靠近膝盖的位置时停止。为防止意外受伤，刮的过程中要避免刮到靠近骨头的地方。

想瘦哪里就瘦哪里
姿势瘦身 DIY 2

第2步

换成刮小腿肚内侧时，因为这里的皮肤细嫩脆弱，速度放慢才不会疼痛。

想瘦哪里就瘦哪里
姿势瘦身 DIY **2**

61

扭转毛巾瘦小腿

第1步

用足够长的毛巾缠绕小腿两圈以上，且必须绕紧。

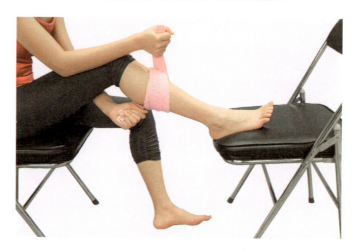

第2步

双手握紧小腿内外两侧。

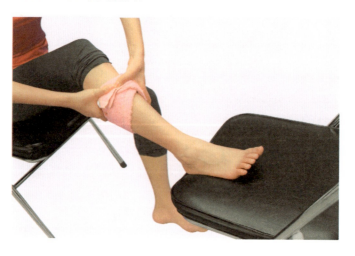

第 3 步

像旋转方向盘一样向外侧扭转小腿,保持 7 秒,反复扭转至少 7 次。

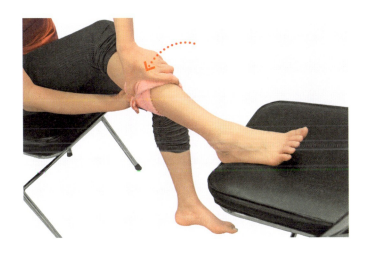

张老师特别提醒

做这个动作是消除小腿酸胀非常有效的方法。如果你是上班族,需要穿高跟鞋长久站立,或是经常坐着不动,不妨试试这个扭转动作。它不仅可以瘦小腿,还可以矫正腿形。

▶ 直腿伸展法

背靠墙壁，两脚脚尖尽量张开并靠墙。

如果两脚张开的距离大一点，效果会更好，但是做的时候必须注意保持身体平衡。

张老师特别提醒

平时我们站立的时候就可以采取这种站姿，它可以帮助你把小腿拉直。

告别"拜拜袖",雕塑纤美玉臂

手臂粗的人务必要改掉经常弓着背的习惯,不然手臂会变得更粗。如果每天做两次以上伸展按摩,就可以瘦手臂。手臂比较硬的话,通过多捏它就能软化脂肪。手臂比较松弛的话,可以通过拍打来增强皮肤弹性。

▶ 压肩仰泳式绕臂

本节内容视频

第1步

将左手搭在右侧肩膀上。

右手伸向右前方并慢慢向上抬高。

第3步

右手抬至最高点后继续沿相同方向绕圈,回到初始位置后换左手绕圈。双手交替绕圈2~3分钟。

    1. 绕圈时手臂尽量往头部靠,搭住肩膀的另一只手保持压紧的动作,不要放松,绕圈的速度宜缓慢,类似仰泳的动作。

    2. 肩关节是颈部肌肉延伸下来的附着处,肩胛骨和胸口也有肌肉在肩关节周围附着,所以活动肩关节时会带动这些肌肉伸展。这个动作对肩膀耸高和疼痛僵硬有改善作用。

    3. 肩膀厚、手臂粗的人每天应做5次以上,每次2分钟。

夹挤肩胛骨

第1步

双手指尖在胸口相对,手臂保持水平。双臂肘尖向后,伸展胸口肌肉。

第2步

两侧肩胛骨互相挤压,保持7秒后放下双手再重来一次,重复做5~7次。

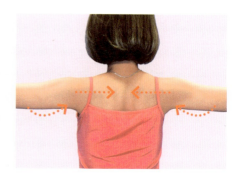

张老师特别提醒

1. 做这个动作可以让身体快速发热,有助于脂肪代谢。在天气冷的时候可以多做这个动作来提升体温。

2. 驼背的人的肩会挤压胸口,这除了导致胸口变形、乳房下垂外,也会造成呼吸不畅。

想瘦哪里就瘦哪里
姿势瘦身 DIY

本节内容视频

"招财猫式"动作

第1步

双手同时举起，肘部成90°角。

第2步

一只手在上往后旋转手臂，另一只手在下往后旋转手臂，两只手像拧麻花一样扭转，保持7秒后双手交换位置扭转，重复做1分钟。

扭转是消除浮肿最有效的动作。做完抽脂手术之后会再度肥胖的人属于浮肿型人群。这类人被抽掉脂肪并不能解决浮肿问题，还可能在抽脂过程中损伤血管和淋巴管，加上手术形成的体内结痂，都会阻碍体液的循环，所以他们刚做完抽脂手术时看起来反而变胖了。

▶ "燕飞式"动作

第1步 双手掌心朝外,掌背相对并互相靠近。头部后仰,下巴往上顶。

第2步 两侧肩胛骨向中间用力挤压,保持7秒后放松,重复做5~7次。

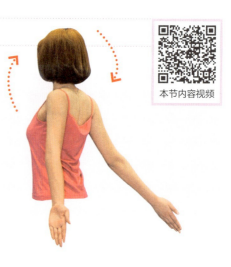

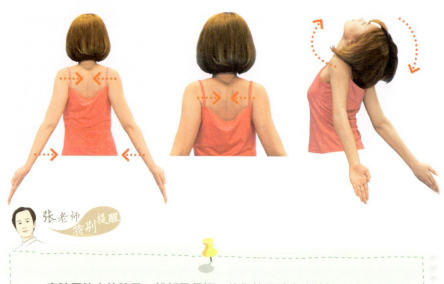

张老师特别提醒

肩膀厚的人的脖子一般都显得短,他们的手臂也比较粗。做这个动作可以矫正上半身的体形,恢复脊柱正常的曲线,而且能起到缓解肩颈僵硬和疼痛的作用。

▶ 腋窝夹挤毛巾

本节内容视频

第1步

左手水平张开。

第2步

将卷成圆柱状的毛巾放在腋窝下并用力夹住。

第3步

右手协助左手用力夹紧腋窝下的毛巾，保持7秒后放松，重复夹紧放松5~7次后，再换手做相同的动作。

特别提醒

1. 做这个动作能锻炼胸大肌和胸小肌的收缩力，防止乳房下垂。患乳腺小叶增生的女性通常在乳房外侧靠近腋窝的地方会有许多压痛点，做这个动作可以起到疏通乳腺的作用。

2. 手臂粗的女性通常在腋窝下会鼓出一坨肉，腋窝是淋巴结分布密集的地方，鼓出一坨肉会阻碍淋巴循环，所以想要瘦手臂就必须经常按压腋窝。

用毛巾矫正高耸的肩膀肌肉

 将毛巾搭在左侧肩膀上,右手握住毛巾的一头,并在胸口处固定。

第2步

右手不动，左手握住毛巾的另一头向下拉，将肩膀往后、往下压7秒后放松，重复做5~7次。然后换边做同样的动作。

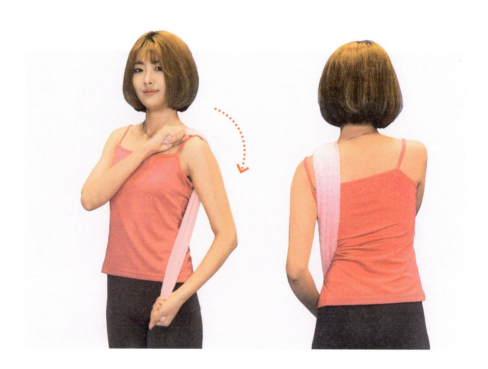

想瘦哪里就瘦哪里
姿势瘦身 DIY

▶ 扭转瘦手臂

本节内容视频

第 1 步

将左手举起,右手抓握左手手臂,往逆时针方向扭转左手手臂上的肉。

第2步

右手抓握住左手手臂，左手的上手臂顺时针方向转动，做到抓握处的皮肤发红或有热的感觉了，即可换边做。

张老师特别提醒

1. 做这个动作时，手臂上的赘肉及造成浮肿的体液会被挤压而流动。做完这个动作后，最好接着拍打胳膊，这样能使松弛的皮肤变得紧绷。

2. 美容院在做减肥按摩时也会使用很多扭转的动作，因为扭转可以产生较大的挤压力量，从而消除浮肿、软化脂肪。

想瘦哪里就瘦哪里
姿势瘦身 DIY

▶ 抓拉胸肌

本节内容视频

第 1 步

将左手放在头上,右手抓住左侧胸肌,像要拿起来一样拉动这个部位的肌肉。

第 2 步

保持拉住胸肌的动作,直到肌肉出现酸痛感。

第3步

不断摆动左手手肘，让胸肌伸展和挤压，保持7秒后放开，重复做7次。

张老师特别提醒

1. 这是消除腋下赘肉非常有效的动作，更是使胸部变得丰满的最佳方法。

2. 落枕时通过抓拉胸肌，可以达到缓解疼痛的效果；有的人驼背挺不起上半身，也可以通过抓拉胸肌来改善。

拍打松弛手臂

第1步 将左手举高伸直,掌心朝外。

第2步

用右手不断拍打左手的手臂,拍到皮肤发红或者有热的感觉了,即可换拍另一手臂。

张老师特别提醒

拍打是让皮肤变得紧致的最有效的方法,全身都可以用拍打的方法来增加皮肤的弹性。

屈伸肘瘦肩臂

第1步

将双手举起。

第2步

头部后仰,双手手肘向下并向后挤压肩胛骨,保持 7 秒。

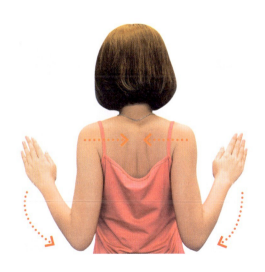

第3步 双手向上高举并尽量伸直,手背紧贴,保持7秒后放下双手,重复做5~7次。

驼背使得身体前面的韧带变短了,后颈部和上背部的肌肉为了把身体拉回来就一直费劲地拉拽着,进而因疲劳过度而产生肌肉僵硬和酸痛。做这个动作可以在2分钟之内立刻缓解背部的不适。虎背熊腰的人每天坚持做5次以上,每次2分钟,一个星期后就会发现背部的肥肉变薄了,之前穿着比较紧的衣服变宽松了。

左右倾斜瘦手臂

将双手抬起,手掌朝前,手指贴近耳朵。

第 2 步

下半身保持不动,上半身往右边尽量倾斜,保持 7 秒后换边,重复做 7~9 次。

张老师特别提醒

手臂粗的人通常手臂是内旋的,这个动作让手臂外旋,从而达到瘦手臂的目的。并且在左右倾斜时能使胸椎得到伸展,而胸椎刚好是控制身体代谢率的脊椎段,因此做这个动作还能够加速身体代谢,让你瘦得更快。

美颈养成术，
这边"颈"色独好

颈部影响人的各个方面，包括食欲、代谢。枕骨靠着椅背左右滚动后颈部，是很好的抗衰老按摩方法，可以缓解后脑勺肌肉的僵硬、疼痛。经过这样的按摩后，人会精神焕发，不容易疲劳，而且对饮食的喜好也会变得不一样。疲劳让人懒散，所以选择的食物通常比较重口味。当一个人的精神状态好了，自然会选择比较健康的食物。有些人的脖子短是因为肩膀耸高了，所以想要修长的颈部线条，必须降低耸高的肩膀。喜欢把手放在桌子上，经常低着头，常在床上看书或看手机，这些习惯都会导致颈纹的出现。而颈纹会阻碍颈部淋巴液的流动。

▶ 夹压颈部

第 1 步

双手置于后颈部，十指交叉。

第 2 步

双臂闭合，夹住整个颈部，手肘尽量合在一起。

第3步 右手手肘在上，左手手肘在下，形成交叉把颈部夹紧。此时脸会出现红胀，保持7秒后，两手上下交换接着做，让颈部肌肉产生酸胀感，反复夹压5～7次。

张老师 特别提醒

做这个动作对缓解颈部酸痛能起到立竿见影的效果，适合用来防治颈椎病。当然这也是很有效的美颈动作。做完之后，你会立即感到神清气爽，并且肤色变得明亮。

第 4 步

手肘、肩膀保持不动,下巴尽量往上抬,让颈部前面的皮肤和肌肉得到伸展。

第 5 步

头部向左倾,直到左侧后枕部肌肉顶到左手并产生挤压,此时大部分人的颈部都会有酸胀的感觉,保持 7 秒后换边做,连续做 1～2 分钟。

做这个动作对解决眼袋、黑眼圈、头痛、头晕、疲劳、颈部酸痛等问题有立竿见影的效果。坚持每天早中晚各做一次,你就能在一个星期后发现脖子变得细长了。

捏拉颈部的肥肉

本节内容视频

掌心朝上,拇指和另外四指指腹捏住颈部的肥肉并往外拉扯。捏的块越大,效果越好,也不会太疼痛。捏拉到皮肤发红或者有热的感觉即可。

张老师特别提醒

1. 颈部的肥肉会让人看起来显老。有些人其实并不胖,但颈部婴儿肥,视觉上让人误以为是个胖子。

2. 捏拉时不要像扯痧一样用力过大,这样容易使颈部的肥肉变成一坨纤维化的脂肪硬块。

▶ 压切侧颈部

本节内容视频

第1步

左手呈刀状,放在左侧颈部。

第2步

右手拉住左手四指以增加左手按压左侧颈部的力度。

第3步

头部向左倾,保持一段时间后,颈部会产生酸胀感。然后,左手从颈部最下端开始压切,一段一段往上。各段压切完成后再换边做相同的动作。

1. 当颈部侧面的肌肉紧绷时,会使肩膀耸高,让脖子变得粗短,而做这个动作可以放松颈部侧面的肌肉。

2. 肩膀僵硬的时候也可以做这个动作,因为肩膀的肌肉是从颈部侧面一直延伸到肩关节的,颈部放松了,肩膀的僵硬症状也就缓解了。

低头、仰头伸展颈部

本节内容视频

第1步

头部尽量低下来,让下巴碰到胸口,保持7~9秒,但不要勉强低头。

第2步

头部后仰,让下巴尽量向上顶,保持7~9秒。低头、仰头各伸展颈部7次。

仰头时吐出舌头并将舌头往上顶,颈部肌肉的拉伸感会更强烈。

第3步 身体保持不动,头部尽量向右转,保持7~9秒。

第4步 头部尽量向左转,保持7~9秒。左右各旋转7次。

想瘦哪里就瘦哪里
姿势瘦身 DIY

第 5 步

头部尽量向左倾,保持 7 秒。接着头部尽量向右倾,保持 7 秒。左右各倾斜 7 次。

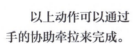

以上动作可以通过手的协助牵拉来完成。

建议肩颈肌肉僵硬的人经常做这组动作。

▶ 椅背顶压后脑勺

第1步

臀部尽量坐在椅子的最前端,身体往后躺,双手扶靠在椅面两侧以维持身体平衡。

想瘦哪里就瘦哪里
姿势瘦身 DIY

第 2 步

后脑勺靠着椅背上缘并向后仰。

第3步

慢慢左右转头,顶压后脑勺处的肌肉。

想瘦哪里就瘦哪里
姿势瘦身 DIY

1. 面部皮肤出现问题或是气色不好的情况下，后脑勺处的肌肉通常是僵硬的，而健康的长寿老人后脑勺一般比较柔软。后脑勺处分布着许多重要的人体穴位，所以经常按摩后脑勺可以延缓衰老。

2. 如果你的身体浮肿，按压后脑勺会出现疼痛感。如果我们经常由上往下轻轻地刮后脑勺1~2分钟，身体浮肿可以得到改善。

拯救下巴，重塑小V脸

现在女性都很爱美，身上的肥肉可以用衣服来遮挡，可脸上的肥肉怎么遮掩？脸上肉多，连双下巴都出现了，严重影响个人形象。下面我将告诉大家拯救下巴，重塑小V脸的方法。

如果你的身体偏胖、脸也胖，这种胖脸的主要原因是面部皮下脂肪堆积过多。想让脸变小，那最有效的方法就是赶快执行减肥计划。减肥不能心急，需循序渐进，因为快速的减肥方法通常会先从上半身开始瘦，这样脸虽然瘦下来了，甚至脸颊都凹陷了，下半身却还是很胖，整体并无美感。

如果你的身体不胖、脸却圆滚滚时，就要检查你的颈部了。如果颈纹明显、脂肪肥厚，就说明颈部的脂肪影响了面部的代谢，此时便可以按照本书介绍的简易动作来改善。

对于头大的朋友，不管你的身体是胖还是瘦，脸都会大，这是骨骼问题导致的。如果你的身体偏胖、脸也胖，那就先进行减肥。在此基础上，如果你想要自己的脸看上去比较小，那么可以通过按摩来改善，重点按摩鼻翼、颧骨等脸部线条的突起处，就能消除脂肪，使五官立体，这样便可以在视觉上造成小的感觉。而这些消除掉的脂肪，必须全部通过颈部排除，所以绝对不能忽略颈部的按摩。做按摩动作之前，面部的脂肪是坚硬的，随着动作的进行会变得比较松软，所以会产生脸变大的错觉。但这只是一个过程而已，持续下去便能看到效果。此外，脸部原本凸出的地方按摩过后会渐渐变得柔和、平顺，脸形也会变得更加好看。

▶ 前推下颚

本节内容视频

第 1 步

将双手拇指置于耳垂下方,用拇指指腹顶住下颚骨并往前推。

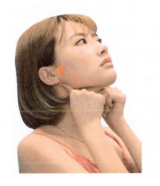

第 2 步

双手保持不动,嘴巴慢慢张开,再慢慢闭合。连续做 1~2 分钟。

张老师特别提醒

1. 无论你的脸形是宽的还是窄的,轮廓明显才是最重要的——脸部有立体感才好看。皮肤有问题,尤其是正在长痘痘或过敏严重时,按摩下颚可以减轻症状。

2. 长寿老人的下颚一般没有硬块,高血脂及肥胖的人的这个部位一般会有硬块,而且按压它会疼痛。

▶ 抵压消除双下巴

本节内容视频

第1步

双手并拢,做出"点赞"的姿势,将拇指指尖抵住下巴。

第2步

拇指指尖往上顶的同时,下巴往下压,保持 7 秒后放松。每天早晚各做一次,每次 2 分钟。

张老师特别提醒

做这个动作时会有想要流口水的感觉,配合前推下颚的动作,可以让肥肥的圆脸变得轮廓清晰。

▶ 拇指刮下颚

第1步

将右手放在脸上，拇指指腹压住耳垂下的下颚骨后侧。

第2步

右手拇指沿着下颚轮廓线刮向左侧下颚最上处，然后换边接着做，各刮 9～12 下。刮的时候，头可以配合拇指反方向转动，效果是一样的。

张老师特别提醒

下颚骨后侧的脂肪并不多，大部分是淋巴液。咽喉或口腔发炎时能在下颚摸到明显的淋巴结。做这个动作具有快速瘦脸的效果。我教过很多明星和新闻主播在上镜之前做这个动作，做完后在镜头前立刻能看到脸部的立体轮廓。

刮除眼袋和黑眼圈

本节内容视频

第 1 步

两手食指呈跪指状放在鼻梁骨两侧。

第 2 步

食指紧贴脸部，朝耳朵的方向刮。

第3步

食指刮到鬓角时停住，按压7秒后回到鼻梁骨，重复刮1~2分钟。

张老师特别提醒

眼睛疲劳时，刮这条线会出现酸胀感，尤其是停留在鬓角的时候。

想瘦哪里就瘦哪里
姿势瘦身 DIY **2**

▶ 夹捏脸颊肥肉

本节内容视频

拇指和食指夹捏脸颊肥肉左右扭转，保持 5 ~ 7 秒后换边做相同的动作。

也可以用两手的指尖互相挤压脸颊肥肉，效果是一样的。

 张老师特别提醒

1. 皮肤比较敏感的人刚开始不要夹捏太久。夹捏完之后可以用冰块或是冰敷机绕圈按摩 1~2 分钟，让血管收缩。

2. 敷面膜之前做夹捏脸颊的动作，二者叠加后效果会更明显。

107

▶ 食指、中指跪指状压咬肌

双手食指和中指呈跪指状，按压左右卜颚咬肌处感觉最酸胀的点。双手保持不动，嘴巴慢慢地张开，再慢慢地闭合，重复做1~2分钟。如果咬肌比较大，可以分2~3个点做这个动作。

张老师特别提醒

很多人选择打瘦脸针来处理发达的咬肌，打过两次以上的人会发现颧骨很明显地鼓了出来。这是因为咬肌萎缩使得腮帮子凹陷，就像人变老后脸部肌肉出现萎缩一样。

扩展眼眶

将左手掌心及四指覆盖在右侧额头上,小指挨着眉毛,右手四指贴着下眼眶。左手向上,右手向下,扩展眼眶 7 秒后放松,重复做 5~7 次。

第2步

左右手的四指指尖分别压住眼眶内侧鼻梁骨、眼眶外侧眼尾处,同时往左右两个方向牵拉扩展眼眶,保持7秒后放松,重复做5～7次。

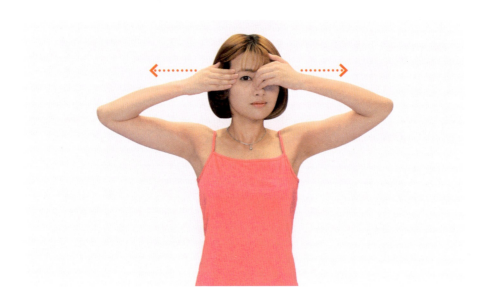

1. 近距离观看电脑,常皱眉头,眯眼看东西,这些不良习惯容易造成眼睛疲劳、眼压升高。做这两个扩展手法可以快速消除眼睛疲劳,如果经常做则可以消除眼袋和黑眼圈。

2. 眼睛疲劳时不要揉眼睛,做这两个扩展眼眶的动作,才不会因为揉眼睛而伤害眼球和眼部皮肤。

挺高鼻梁，畅通呼吸

本节内容视频

第 1 步

将两手食指放于鼻梁骨两侧，夹住鼻梁骨，两手保持不动。

第 2 步

头部向后仰，让食指牵动鼻梁，但食指不要滑动，保持 7 秒后放开，重复做 5～7 次。

第3步

右手紧贴额头，左手拇指和食指夹捏住鼻梁骨，右手向上，左手向下，牵拉持续 7 秒后放开。重复做 2 分钟。

第4步

两手交换位置，牵拉鼻梁骨和额头，重复做 2 分钟。

1. 每天坚持做这个动作，鼻梁骨会越来越挺。它对鼻塞的问题也能起到很好的改善作用。

2. 下眼眶的静脉血管与鼻子两侧的静脉血管相连，所以鼻子出现问题时就会影响下眼眶的静脉血液流动。因鼻子问题引起的黑眼圈可以通过按摩让鼻腔的温度提高，加速血液循环使其变淡。

疏通鼻翼两侧循环

双手掌心朝上,拇指指腹压住鼻翼两侧。

第2步

拇指顺着颧骨的圆弧往外滑拉至耳前,重复滑拉7次。

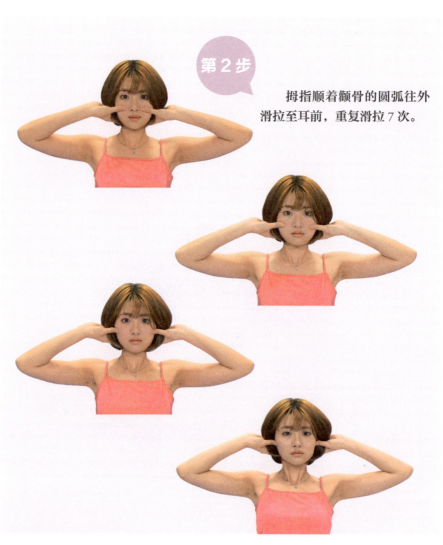

张老师特别提醒

有血管型黑眼圈和眼袋的人做这个动作时会出现酸痛感。

消除疲劳，提高眼尾

第1步

在发际的高度，耳朵的上方用右手四指指尖向上勾住头部左侧的头皮筋膜。

第2步

左手四指指尖和右手四指指尖靠拢，双手同时用力分别向上、向下牵拉各7秒，重复做5～7次后换边做。

第3步

在发际的高度，耳朵的上方用左手四指指尖勾住头部左侧的头皮筋膜。

第 4 步

右手四指指尖和左手四指指尖靠拢,双手同时用力分别向前、向后各牵拉头皮 7 秒,重复做 5~7 次后换边做。

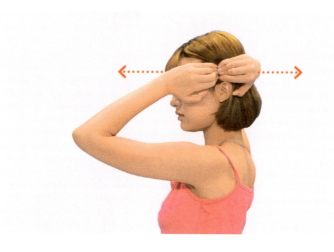

 张老师特别提醒

咬紧牙根时耳朵上方发际处的肌肉会鼓起来,张开嘴巴后肌肉又会变薄,这块肌肉就是帮助咀嚼的颞肌。颞肌在眼尾外侧,内侧缘连接着眼轮匝肌,所以它的强弱会影响眼部体液循环的速度和眼尾高度。

你为什么"变形"了

身材和容貌变形的原因及自检方法

造成身材变形的**不良习惯**

想要让身体曲线漂亮就不能缺少运动,但更重要的是做到身体姿势正确。从行走坐卧中找出身材变形的原因,从生活习惯上改善体质,遵循简单饮食的原则,纠正穿衣方面的错误观念,进行局部塑形,这些都是最常用的改变身体的方法。

通过药物减肥是不现实的,因为药物具有副作用,而肥胖是由不良饮食和生活习惯造成的,减肥应从改变自己的不良习惯入手。如果你只是局部肥胖,那你就要观察自己的姿势、衣着。比如内衣和内裤的松紧带过紧造成局部压迫,影响体液循环并挤出变形的肥肉;穿高跟鞋使膝盖周围堆积脂肪并造成浮肿,小腿为了维持站立平衡而过度用力,结果变成"萝卜腿"。

造成身材变形的不良习惯包括以下四个方面。

▶ 衣着

破坏体形的衣着习惯包括：穿戴过紧的内裤和胸罩，穿会阻碍体液循环的塑身衣，以及背单肩包等。

许多人喜欢穿过紧的内裤，内裤过紧就会压迫身体，尤其是裤子上的松紧带造成的压迫更为严重。松紧带对臀形的破坏随处可见，有的松紧带把臀部分段了，就像粽子一样，捆绑得越紧，凹陷得越深，不但挤压出赘肉，而且阻碍体液循环。

单肩包容易从肩膀上滑落，所以背单肩包时人会不自觉地抬高肩膀，时间久了肩膀就真的变高了。肩膀变高了，脖子自然就变短了，因此爱美的女性应该少背单肩包。

▶ 鞋子

长期穿高跟鞋不仅破坏身材,还会伤害脊椎。而穿平底鞋会使足弓下沉,最后变成 X 形腿。因此,不要穿高跟鞋和平底鞋,运动鞋和具有功能性的健康鞋是比较好的选择。

为了保持身体平衡,穿高跟鞋时小腿肚必须不断地绷紧,长期如此,小腿便慢慢变粗了。

脚后跟被鞋跟抬高,挤压出好几条皱褶。

除了产生皱褶外，也会因为脚后跟往后、往上挤压而导致体液循环不畅，这样身体容易出现浮肿，使得脚踝骨的线条变得不明显了。

张老师特别提醒

易浮肿体质的人站着或坐着的时间越长，就越看不到脚后跟的肌腱和内外踝，脱掉鞋子和袜子后则会看到较明显的压痕。

▶ 饮食

判断饮食是否健康不仅要看数量，更要看营养是否均衡，看所吃的食材好不好。拿食用油来说，如果吃自己榨的油的话当然比较放心，但是也要注意经常变换食用油的种类。造成肥胖的不良饮食习惯包括：没有按时吃三餐、早餐营养不足或不吃早餐、晚上吃水果、饮食太过油腻、挑食。

说肥胖的人营养不良，你很难相信吧？其实许多肥胖的人不是因为吃得太多，而是偏食太过严重。大部分肥胖的人不愿意吃有益代谢、能促进肠胃蠕动的食物，而瘦子却几乎什么都吃。所以说想要减肥就应先从均衡饮食做起。

▶ 作息

如今，很多年轻人都是晚睡晚起，看电视剧、玩网络游戏、刷朋友圈、加班工作等都成为晚睡的理由。这样的不良作息习惯不仅对健康不利，而且很容易导致身材变形。

运动科学教授布鲁斯·贝利认为，睡眠不规律会影响睡眠质量，而睡眠质量差会扰乱与食欲相关的激素分泌水平，从而导致身体脂肪含量增加。如果人们不遵照其固有的生物钟模式，就会对生理机能造成不良影响。据美国杨百翰大学进行的一项研究发现，睡眠习惯最好和最规律的女性，身体脂肪含量最低。因此，规律作息是保持身材的最好办法。

那我们应该如何规律作息呢？

首先，抓住最佳睡眠时间。晚上 10 点到深夜 2 点是身体机能进行修复的重要时间，所以应该在这段时间好好地睡觉才对。

其次，保持合适的睡眠时间。一般来说，成人保证每天睡眠 8 个小时是最理想的。

最后，注意改善睡眠质量。改善睡眠质量的方法包括适当运动，不开灯睡觉，保持卧室温度、湿度适宜且安静，晚饭尽量清淡、量少，睡前洗澡或泡脚等。

哪些特征说明体形已经变差了

▶ 自检体形时应该观察什么

如何通过自检发现自己的体形变差了呢？建议观察以下部位的状况：肚脐的形状，肩膀的高度，肩胛骨的高低，两腿之间的空隙大小，足弓的弧度，膝关节周围的脂肪多少，大腿和手臂的粗细，骨盆的宽窄和高低，臀部是否下垂，肚子是否鼓出来，两侧乳房的大小和高低等。

▶ 背靠墙壁自检体形

体形好的人背靠墙站立时，他的后脑勺、上背部、臀部、脚后跟很容易同时贴到墙壁上。如果后脑勺没办法靠到或是勉强才能靠到墙壁的话，那就说明身体曲线发生变形了。

▶ 根据肚脐形状判断自己的身材是否变形

身材不同的人的肚脐形状是不一样的。同一个人在不同的年龄阶段，肚脐形状是一直在变化的。肚脐的最理想的形状是一条纵线，这种肚脐形状的女性通常拥有水蛇腰。但如果身材很胖，则肚脐形状通常是圆的。

你为什么"变形"了
身材和容貌变形的原因及自检方法 3

图中模特的肚脐形状是一条纵线，只可惜上端偏向身体的右侧，若仔细看两侧腰的弧度也不一样。这说明她的身体左右不对称了，当她往前弯腰时，从背面可以看到她的脊柱出现了侧弯。

肚脐周围肥厚的脂肪让肚子往前挺出去了，肚脐形状就变成了圆形。

看看肚脐有没有在正中线上。如果不在的话，就得赶快纠正不良姿势了。肚脐不在正中线上说明身体已经歪斜了，肚脐当然会跟着歪斜了。

肚脐呈嘴角下垂的嘴巴形状,而且还在肚皮上挤出几条褶子,这是身体经常向前弯曲的坐姿挤压造成的,把原本形状应该是一条竖线的肚脐压扁了。身体外部变形时,内脏也会跟着受到挤压,发生变形,影响器官正常的功能。

▶ 观察肩部、背部、头颈部及胸廓

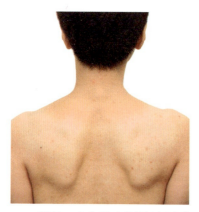

观察一个人的肩胛骨是否对称可以判断这个人是不是高低肩膀。能明显地看到肩胛骨露出来说明这个人身体不健康,这样的人通常胃容易下垂,肠胃吸收能力差。

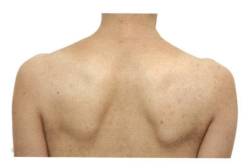

胸椎最上面的四节如果不在一条直线上,会直接影响心肺健康,并且背部容易长痘。如果痘痘没有采取正确的处理方式而只是抓挠就会形成一片片的色素沉淀。

你为什么"变形"了
身材和容貌变形的原因及自检方法 3

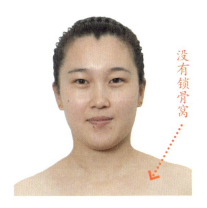

没有锁骨窝

许多没有锁骨窝的人有浮肿型肥胖。也有人是因为肩膀高使脖子看起来比较短,所以锁骨窝不明显。

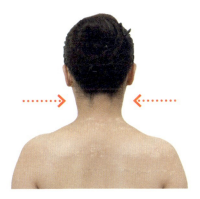

从背后看,如果看不到下颚角,就表示颈部囤积了太多的脂肪。

从侧面看,耳朵和肩膀应该在同一条垂直线上,这是正确的头颈部体态。

从侧面看,如果耳朵在肩膀垂直线的前方,那么说明你的脖子已经开始前倾。很多人习惯把头向前伸,年纪轻轻的就一副老态了。这样的姿势会使肩部和颈部的肌肉变得僵硬,很容易出现疲劳、酸痛。

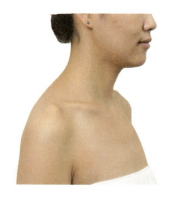

有锁骨窝是正常的,但是太瘦的人不光有锁骨窝,甚至连肋骨及胸骨都看得到了。

双手抱胸口的姿势会把肩膀撑开,使背变圆、变厚。

张老师特别提醒

双手抱胸口是体形圆滚滚的人最喜欢做的姿势。

你为什么"变形"了
身材和容貌变形的原因及自检方法 3

▶ 从膝盖、腘窝看两脚及全身对称性

两脚与肩同宽站立,观察两腿膝盖的形状是否对称。

观察膝盖后面的腘窝的形状是否对称。

两腿并拢,观察腘窝线是否水平对齐。

往前了

脚踝骨、膝关节、髋关节三个点应该在一条线上。

129

两腿无法并拢,这是因为骨盆宽,使得左右腿距离增大,所以无法并拢。

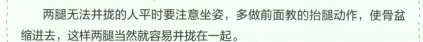

两腿无法并拢的人平时要注意坐姿,多做前面教的抬腿动作,使骨盆缩进去,这样两腿当然就容易并拢在一起。

▶ 小腿后弯

身体往前移了

有很多人的小腿向后弯。两腿并拢直立站好,目视前方,从侧面观察就能准确判断自己的小腿是否向后弯。

张老师特别提醒

1. 经常穿高跟鞋是造成小腿向后弯的主要原因。

2. 少穿高跟鞋,站立时两脚一前一后分散身体重量,并配合多爬楼梯来锻炼腿力,可以逐渐地纠正小腿向后弯。

▶ 扁平足的人的身体容易浮肿

腿部较粗的人站着的时候看看自己整个脚底板是不是都贴住地面了?

图片中左边的脚掌还稍微有弧度,右边的脚掌就完全平贴地板了。

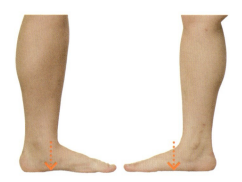

1. 穿平底鞋容易造成足弓下沉、X形腿。
2. 脚掌没有足弓的人的下半身通常容易浮肿。

▶ X 形腿

站立时将膝盖靠拢，两个脚掌会自然分开，大小腿不在一条直线上，这就是 X 形腿的特征。

日本女孩出现 X 形腿的人数比较多。她们的制服多是短裙，为了避免走光，女孩子走路的时候会有意靠拢膝盖，久而久之就变成 X 形腿了。

▶ O 形腿

大部分人的腿是像以下三张图片中的形状——大腿、小腿及膝盖无法并拢，膝盖向内旋转，右腿膝盖内旋更明显。多数是因为骨盆宽，使得两条腿的间距增大，所以无法并拢。但这并不是 O 形腿。真正的 O 形腿有两种情况：第一种是两腿膝盖都是往外张开的，老年人膝关节退化时常出现这种变形；第二种情况是走路外八字，而且两腿膝盖都是往外张开的。对年轻女性而言，这两种情况都非常少见。

大家不要一看到两腿之间有空隙了就以为是O形腿。两腿之间有没有空隙往往是由脂肪厚度决定的，腿很细的人的两腿之间肯定是有空隙的。

你为什么"变形"了
身材和容貌变形的原因及自检方法 3

▶ "小腹婆"的体形通常不好看

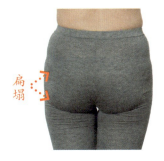

肚子向前挺的同时臀部凹了进去，变得扁塌。

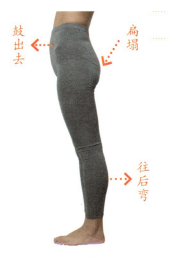

站立时肚子习惯性地向前挺。

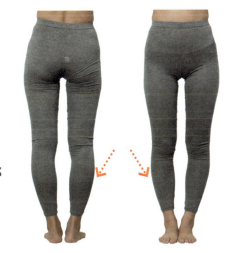

肚子向前挺导致腿部弯曲变形。

平时多留意观察别人的身体姿势，不好的习惯要引以为戒。上图中的姿势很常见，你觉得好看吗？赶快改过来吧。

▶ 大脚趾外翻

经常穿尖头的鞋子尤其是尖头高跟鞋,容易挤压脚趾头,导致脚趾变形。

▶ "橘皮纹"

"橘皮纹"是指站立时大腿后侧皮肤呈现凹凸不平的"橘子皮"形态。

1. 无论胖瘦，身上有"橘皮纹"都是不好看的。它是脂肪团包覆着一层纤维，所以摸起来有点硬，大部分还容易瘀青。

2. 按照前文介绍的方法，每天用手拍打皮肤，直到皮肤发红或者有热的感觉，一个月后皮肤就会有明显的改善。

脸形的自我评估

▶ 自检脸形时应该观察什么

如何通过自检发现自己的脸形变差了呢？建议从以下几个方面观察：脸部脂肪量的多少，脸部是否浮肿，脸颊是否凹陷，太阳穴是否凹陷，眼窝是否凹陷，左右脸是否对称。

脸部轮廓是由骨架、肌肉、脂肪堆叠起来的。骨架受肌肉牵拉而产生形状变化，因此脸有了胖瘦圆扁的差异。脸形最重要的是轮廓清晰。影响脸形最关键的是肌肉，可以通过改变肌肉力量来达到合理地美化轮廓的目的。

▶ 观察脸的中心线与身体中心线

把眉心、鼻头、人中、下巴、左右锁骨的对称中心连成一条线，通过这条线可以判断头部和身体是否有偏移。

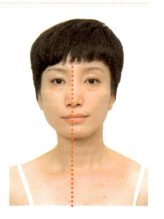

此图中模特头部偏向右边。

你为什么"变形"了
身材和容貌变形的原因及自检方法　3

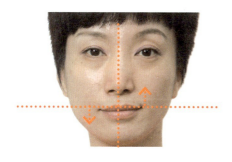

此图中模特的嘴巴是斜的。

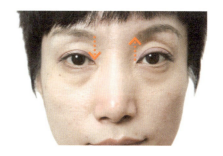

通过分别遮住一边脸来比较左右脸的大小，可以看出图中模特的右脸比较大、左脸比较小。对比两边的眉毛的高低和弧线，可以看出此图中左边眉毛上扬，位置也比较高。

▶ **观察颈纹**

颈纹越深表示颈部脂肪越厚。

张老师特别提醒

想要消除颈纹很难，但要让颈纹变浅，则可以通过按摩让脂肪层变薄来做到。

139

肩膀高耸容易挤压出更多的颈纹。

如果肩膀高耸，就要多做前文教的伸展动作来改善。

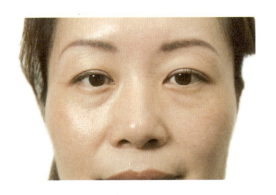

肩颈姿势不良的人除了产生颈纹外，也会造成头面部的体液循环不畅，容易出现眼袋、黑眼圈、脸部暗沉等症状。

▶ 圆脸双下巴

　　大部分圆脸的人的体质是浮肿型的，所以脸很容易浮肿。双下巴从侧面很容易被观察到，如果用手指去按压下巴、耳下及锁骨窝会出现软软的感觉。

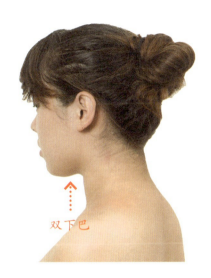

双下巴

▶ 高低眉

通常，左右眉毛的高度不一样的人的肩膀也是一高一低的。

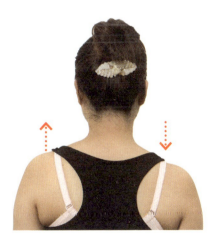

> 经常背单肩包，侧睡同一边，跷二郎腿，手撑着下巴等习惯都会让身体两侧包括面部形状变得不一样。解决高低眉问题，一方面要改掉上述的不良习惯，另一方面要经常做前文教的矫正动作。

▶ 腮帮子大

腮帮子的一侧鼓出来说明那一侧用得比较多。

用三根手指的指腹轻压在腮帮子的位置，用力咬紧牙，可以感受到咬肌的厚度和大小。对比一下左右两边的情况，就可以知道哪边的咬肌比较发达。

> 想要脸形左右对称，就要改变单侧咀嚼的习惯，吃东西时要变换着使用两侧咀嚼。

▶ 眼周皱纹

皱眉纹、鱼尾纹等眼周皱纹通常是眼睛疲劳干痒时眨眼睛或揉眼造成的。前文介绍的扩展眼眶的手法，因为可以缓解眼睛疲劳和促进体液循环，所以能很好地改善眼周皱纹。

1. 鼻唇沟的位置在鼻翼两侧至嘴角两侧。人们的许多表情，如微笑、哭泣等，是通过鼻唇沟形态的变化来表现的。有一些明星很瘦，像孙燕姿、莫文蔚和范文芳，她们的鼻唇沟很明显，笑起来让人觉得很可爱。

2. 鼻唇沟处的皱纹，称为法令纹。法令纹可以用玫瑰和丝柏调配的精油按摩鼻唇沟来消除。

3. 正常的脸部轮廓有高有低才会漂亮，你不要被人怂恿去打玻尿酸填充鼻唇沟，这样你的整张脸就像在水里泡过好几天再捞起来的一样，浮肿的样子很难看。

▶ 你的黑眼圈是哪一种

用手指压住下眼眶,眼睛向上看,观察下眼窝的静脉血管分布和皮肤色泽。

如果看到了下眼窝的静脉血管,而且下眼窝的皮肤颜色变淡了,那就是血管型的黑眼圈。血管型的黑眼圈会随着血液循环速度快慢而改变颜色深浅,疲劳时颜色通常会比较深。

如果看不到下眼窝的静脉血管,而且下眼窝的皮肤颜色没有变淡,那就是色素沉淀型的黑眼圈。

还有一种是眼周皮肤干燥型的黑眼圈,其特征是在洗澡时或眼周皮肤保湿后黑眼圈颜色会变淡。

眼窝比较深的人会在下眼眶产生阴影,所以专业的摄影师在帮你拍照时会用反光板补光,这样拍,照片中的下眼眶就不会有阴影。

▶ 低头族的双下巴和颈纹

在地铁、公交车、餐厅等场所，低头族越来越多，他们有的看手机，有的用平板电脑或笔记本电脑上网，低着头是他们的共同特征，这个不良姿势容易挤出双下巴和颈纹，甚至导致颈椎病。

双下巴和颈纹通常是一起出现的。颈纹一般出现在脖子正面，但如果颈纹往后延伸超过耳朵的垂直线甚至到后颈部的话，通常就是有颈椎病了。

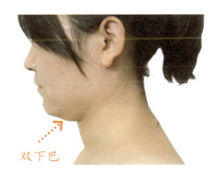

双下巴

▶ 头大，脸当然也大

脸是依附于头的，头部骨骼大，脸当然也大。

张老师特别提醒

不用羡慕别人的头小和脸小，虽然除了手术之外，很难有其他方法可以明显地改变它，但可以通过伸展肩颈部、按摩脸部使头和脸的轮廓变得立体。

▶ 眼珠子突出

长期过度用眼会让眼珠子越来越突出。

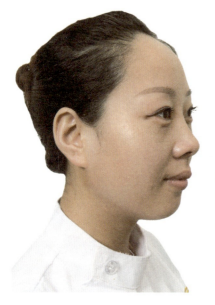

张老师特别提醒

除了从小眼珠子就比较突出外，过度使用眼睛或戴隐形眼镜造成的眼珠子突出都可以通过伸展按摩肩颈部和扩展按摩眼眶来改善。

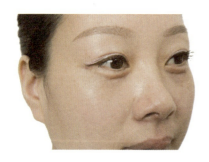

眼珠子比较突出产生的挤压作用容易产生下眼角皱纹。

附录

完美**塑形法**

日常生活中的不良姿势是良好体形的一大杀手。所以，千万不要不重视它，否则会让好不容易矫正了的骨骼再度变形，让之前的努力功亏一篑。

椅子上的不良坐姿

1. 跷二郎腿

跷二郎腿会造成骨盆倾斜，两腿交叠时还会阻碍体液循环。而且臀部肌肉因为不正常的拉长时间过久，会出现松弛下垂现象。此外，跷二郎腿会使大腿外侧连接臀部的骨骼变得突出，这样脂肪就容易在此处堆积，从而使臀部变得宽大。

2. 侧摆腿斜坐

这种坐姿会使骨盆倾斜、腰椎侧弯，长期这样会造成腰椎关节与肌肉的损伤。

3. X形坐姿

这种坐姿会让膝盖压力增大，是形成X形腿的原因之一。

4. 弓背坐姿

这种坐姿会造成肩膀变宽、胃围突出、臀部下垂，并容易在腰部挤出"游泳圈"。

5. 两脚尖并拢立地坐姿

这种坐姿使得踝关节的受力最大，容易造成脚踝变粗。

6. 两脚交叉的坐姿

这种坐姿容易造成小腿变弯和脚踝变粗。

7. 低头打电脑的坐姿

人在坐着的时候把电脑放在腿上，由于双腿的高度不足以支撑电脑平放，人就会自然地踮起脚尖，长期这样坐容易造成脚踝变粗。

8. 低头耸肩玩手机的坐姿

人在低头耸肩时，会把后背撑开使之变宽，颈椎也容易变形。

9. 身体弯曲的坐姿

身体弯曲的坐姿容易使肩背部撑开。

附录

10. 双手支撑在桌子上的坐姿

双手支撑在桌子上的坐姿，容易把肩膀撑高。肩膀耸高后让脖子缩短了。这种坐姿还容易让肩胛骨往外扩张，从而让人变得虎背熊腰。

11. 手撑着下巴的坐姿

这种坐姿，因为人用手撑着下巴会把脸颊往上挤压，容易在下眼窝处形成皱纹。

地板上的不良坐姿

1. W形跪坐

这种坐姿会造成膝盖承受扭转的力量较大,进而容易使得膝盖变粗,形成X形腿。因为挤压的关系,还会使得人体下半身的体液循环不畅。如果长期保持这种坐姿,腿部容易发生浮肿。

2. O形跪坐

这种坐姿使人的脚踝处在扭转状态,容易使脚踝变粗和脚掌变宽。

附录

3. 侧摆腿跪姿

这种姿势使骨盆处在扭转状态,脊椎也会变得侧弯。

4. 盘腿坐姿

这是最常见的地板坐姿。如果采用这种坐姿,骨盆上方容易往后倾斜并往外扩张,坐的时间过久会影响腿部的体液循环。

椅子、地板上正确的坐姿

1. 正确的坐姿可以避免驼背和骨盆外扩。首先，坐下后整个背部贴紧椅背，这样背部因为有支撑而使腰椎受力减轻。如果要操作电脑，就把椅子靠近桌子，这样就不会弯曲上半身往前倾而造成驼背。其次，小腿和大腿之间的角度不要小于90°，这样小腿往前伸的话，膝盖压力会小。再次，掌心朝上手臂会变细、朝下手臂会变粗，你可以把手放在腿上，面前有桌子时也可以把手放在桌面上。

附录

    2. 如果你坐的是没有靠背的椅子，你只需要将身体上提，身体自然就会坐正了。但是要记得腰椎不能用力，以免因为紧绷而造成身体酸痛。

    3. 如果是坐在地板上，你可以将双腿伸直、身体挺正，如果能将背部靠墙就更好了。

    4. 如果是因为坐禅的需要而盘腿坐的话，最好将臀部垫至1~2个拳高，这样脊椎才能维持正确的生理弧度。

5. 跪坐时必须将双脚居中并拢，不要偏一侧。

不良的站姿

1. 重心在单侧的站姿

这种站姿会使骨盆往外扩张。作为支撑的那一侧腿承受身体的大部分重量，因此此腿的膝盖容易弯曲变形。

附录

2. 两脚交叉的站姿

这种站姿如果持续时间很长,而且将重心放在一侧时,骨盆就容易倾斜,双脚也容易变得不直挺。

3. 腿往后弯的站姿

站立时,如果膝盖绷得太紧,使得小腿肌肉处于紧张状态而往两侧扩张,小腿肚便显得粗壮。

4. 内八站姿

这种站姿最容易形成 X 形腿。

5. 两脚并拢侧立的站姿

这种站姿使得踝关节扭曲,所以脚踝容易变粗。如果经常采用这种站姿,就很可能形成 O 形腿。

6. 三七步站姿

这种站姿会让身体的大部分重量落在后面那条腿的膝盖和髋关节上。因此那条腿会往后弯，慢慢地变成扁担形，也容易造成臀部下段外扩。

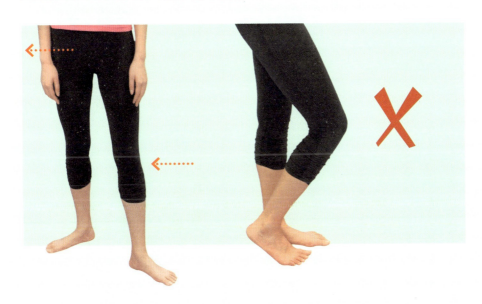

7. 双手抱胸的站姿

双手抱胸，身体窝着向前弯曲，这样肩胛骨容易往外扩展而变成虎背熊腰。

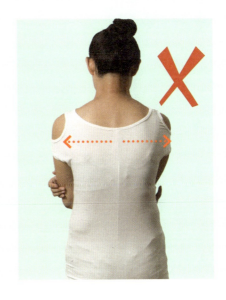

8. 低头挺腹看手机的站姿

这种站姿使臀部容易变成扁塌的臀形。而且因为腰椎受力比较大，容易造成腰肌劳损。另外，小腿往后弯会使膝关节承受比较大的压力，容易伤害膝关节。

9. 歪头打电话的站姿

站着时，一边侧头缩着脖子接电话，一边记笔记，肩膀耸高。时间久了会造成人体一边肩膀高起来，头也会斜向一边。

附录

正确的站姿

1. 双腿并拢或分开,但是分开时不能超过肩膀宽度。膝盖稍微放松不要紧绷着。

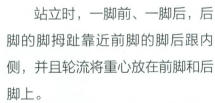

站立时,一脚前、一脚后,后脚的脚拇趾靠近前脚的脚后跟内侧,并且轮流将重心放在前脚和后脚上。

161

双手自然下垂或掌心朝上交握,感觉有往上提的力量。
身体保持正直,不要用力挺,不然腰椎及背部的负担会比较重。

2. 洗脸时可将一脚踩在矮凳上,这样可以保护腰椎,腿部的负担也会比较轻。

附录

不良的睡姿

1. 趴睡

趴睡时,我们常常将脸的一侧压在底下,使脸部容易变形。骨盆也会因为趴睡而扩张变形。

2. 侧睡

侧睡时,紧贴床面的肩膀和手臂因为受到挤压而使体液循环不畅,而且骨盆也处于扭转的状态,所以侧睡是相当不健康的睡眠姿势。

正确的睡姿

1. 平躺

双腿不要交叠，膝盖下可以垫一条小浴巾或枕头。

枕头不宜过高，或是头部不放枕头也可以。

附录

2. 侧睡

如果不侧卧就无法入睡的话,可以利用抱枕辅助入眠。

选择寝具时,最好选择符合人体工学的床垫。另外,透气性也要好一点,这样才能拥有较好的睡眠品质。

不良的行走姿势

1. 穿高跟鞋行走

穿高跟鞋行走时,为了防止身体向前倾,人的腿部肌肉会紧绷,形成小腿肚缩成一坨肉团状的"萝卜腿"。膝盖周围也容易囤积赘肉。另外,脚踝关节容易错位并影响体液循环,脚踝因此变得粗大,而脚掌和脚趾的变形更是不可避免的。如果因为工作需要必须穿高跟鞋,建议你最好带一双舒适的便鞋,在上下班时换穿。

2. 脚底板拖地行走

走路时能活动关节和肌肉,但是脚底板拖地的走路方式却不能活动筋骨,而且容易形成又粗又肥的小腿肚。

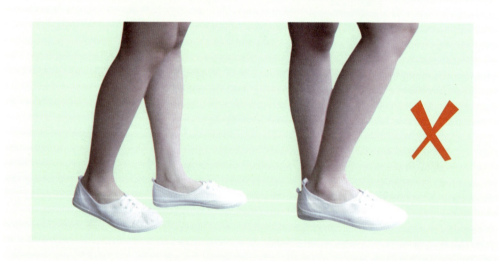

附录

3. 单侧背物行走

　　单侧背物行走，使背着东西的那侧肩膀会不自觉地耸高，头和骨盆也会倾斜。如果经常使用同一侧肩膀来承受重量，脊椎会随着骨盆倾斜而侧弯，脸也会随之变得左右不对称。

正确的行走姿势

　　1. 穿软底鞋或气垫鞋走路，这对膝盖能起到比较好的保护作用。

　　2. 走路的时候脚底板不要拖地，步伐要大，这能很好地活动脚部肌肉，并可以增强臀部肌肉的力量，使臀形变得越来越好看。

3. 经常打赤脚,让双脚透透气。

4. 背包或手提重物时,最好两边轮流背或将背包斜背。当然最好选择双肩的背包。

附录

其他不良姿势

1. 跷二郎腿喂奶

许多妈妈在给婴儿喂奶时，会弓着背、跷着二郎腿，为的是让婴儿有一个可以得到支撑的地方。跷二郎腿本就容易使骨盆、脊椎变形，这一叠加婴儿的重量，变形会更加严重。产后女性的肌力较弱，所以容易因为错误姿势而让骨架变形。

2. 弯身取物

搬运较重的物品时，如果直接弯腰去拿，腰椎及其周围的肌肉很容易因此而受伤。如果是女性，尤其是产后女性，更容易造成骨盆和背部往外扩张。

附录

其他正确姿势

1. 准备抱小孩时，最好先蹲下，将小孩抱稳后再站起来，这样做腰椎不容易受伤，也不会撑开肩膀和骨盆的骨架。

2. 坐沙发时，臀部要尽量往里坐，以使人的身体紧贴沙发背。如果还是靠不到沙发背的话，就在身后加一个大靠垫，让坐姿端正。

3. 搬东西时，无论物品有多轻，动作要领也要像抱小孩一样，先蹲下再站起。

4. 喂婴儿吃奶时，应该在妈妈身后垫一个大抱枕或靠着椅子的扶手，从而让手臂有依靠以支撑婴儿的重量。

矫正姿势的问答

在矫正身姿的过程中,大家不免会遇到各种问题,这些困扰你许久的"疑难杂症"以及想变得更完美的各项需求,张老师都想到了。

1. 我身体不胖,但是脸却圆嘟嘟的,怎么办?

许多人都有这种问题。其实你可以利用书里介绍的方法来进行改善,比如利用按摩让脸部轮廓显得更加柔和,这样就有脸部变小的视觉效果。但如果你照着做了还是没有效果,这可能是因为颈椎、面部骨骼移位影响到脸部循环代谢,所以脸才会圆嘟嘟的。遇到这种情况时应该向专家求助,做根本性的改善。

2. 眉毛高低不一可以调整成正常状态吗?

可以。如果你的眉毛一高一低,就代表你的颜面骨处于左右不对称的状态。这通常是因为你的骨盆、肩胛骨有倾斜。通过身体姿势的长期调整,使骨盆、肩胛骨的位置恢复正常,就能解决这个问题。

3. 常嚼口香糖会变成国字脸吗?

会。咀嚼口香糖和一般进食时的情况不同,在进食咀嚼的同时会把食物往内推送,但嚼食口香糖时却只是左右摆动。左右摆动容易使下颚骨往外扩张，而且过度咀嚼还会造成咀嚼肌比较发达，这两者都会让脸部外扩变形成国字脸。

4. 喜欢吃硬的食物会变成国字脸吗？

嚼食硬食物时，进食速度不要太快，否则很容易变成国字脸。但是也不能只吃软食，因为这会造成下颚骨、牙齿的功能衰退。所以，在进食时，要特别注意牙齿的承受力，过度咀嚼或太少使用都对牙齿不好，适度地调配软硬食物是强健牙齿的最佳方式。

5. 睡觉的姿势会影响脸形吗？

会。许多人都认为侧卧不易出现宽脸问题，其实这个观念是错误的。据我个人观察，侧卧容易造成脸部大幅地扩张，这就成了所谓的大饼脸。

6. 咬合不正会影响脸形吗？

会。咬合不正当然会对脸形造成影响，而且脸形也会影响咬合的功能，两者相互影响。咬合不正的人往往是利用单边咀嚼，因此两边肌肉的运动量不同，造成骨骼与肌肉的分布不均，所以脸自然而然就变形了。

7. 穿丁字裤会让臀部下垂吗？

臀部下垂的主要原因是肌肉弹性不足与脂肪堆积过多，受重力的影响形成下垂，与穿丁字裤并没有直接关系。相信大家一定有疑虑，丁字裤并无支撑功能，为什么臀部不会下垂呢？事实上，许多臀部下垂的人反而是因为内裤的松紧带过紧而造成不当挤压，使得臀部下垂，穿丁字裤就不存在这样的问题。

8. 穿调整型内衣对塑形真的有帮助吗？

调整型内衣的功能是对体形、姿势的矫正，但是有人穿了调整型内衣后依然跟以前一样。这是因为调整型内衣有固定功能，如果穿了调整型内衣却身体姿势错误的话，反而很容易将错误的身体姿势固定住，使身材变形的情况变得更加严重。所以，如果你真的想要穿着这种内衣时，一定要保持正确的身体姿势。

9. 走路的姿势会影响体形吗？

会。走路的姿势确实会对体形造成影响，但是一般人走路都无法一直保持正确的姿势。我们在行走时常常会单肩背包或单手提重物，在两侧受力不均的状态下，身体自然会发生歪斜，影响体形。所以，在提重物时最好两手轮流提着。

10. 肥胖和骨架有关系吗？

有。肥胖和骨架息息相关。骨架较大的人的脂肪堆积的空间也大，较易附着多余脂肪。

11. 便秘会造成肥胖吗？

会。便秘和肥胖两者相互影响。便秘时食物在肠道内停留的时间长，吸收营养的时间就长，所以很容易变胖。而肥胖者一般不喜欢运动，从而影响肠道的蠕动，所以容易便秘。如果你有肥胖和便秘时，一定要多吃些纤维质食物，多喝水，再多做适当的运动。而且，减肥前一定要先解决便秘问题。

12. 多喝水是不是很容易变胖？

不会。水是不会让你变胖的，除非你喝的是饮料。一般来说，略胖的人都不喜欢喝水，甚至排斥没有味道的水，转而选择饮料，其实这就是导致肥胖的原因之一。在减肥的过程中，因为脂肪的减少，皮肤容易变得松垮、无光泽，此时如果补充水分，便能改善这种状况。肥胖是脂肪囤积问题，而非水分摄取的多寡。

13. 我吃得不多，为什么却瘦不下来？

想解决吃得不多却瘦不下来的问题，必须先问问自己：吃得不多是在哪一餐？食物又有哪些？是否在正常时间内用餐？如果进食量最少的是早餐，有偏食习惯，饮食中加工食品比较多，进食时间不正常，经常吃夜宵，这样一定瘦不下来。所以，想要瘦身就要养成好的饮食习惯，而不是一味地减少食量。

后记

"生命不息，减肥不止"已经成为众多爱美女性的座右铭。运动减肥、针灸减肥、吃减肥药……用尽各种方法，反反复复折腾后的结果却是"反弹"。其实减肥没有"反弹"这种说法，胖瘦是人体吸收和代谢能力强弱的外在表现。除非是减肥已经伤害了你的身体或造成厌食症，否则不注意控制饮食和生活规律的话还是会再度发胖。也就是说，唯有形成良好的饮食和生活习惯，你才可以远离肥胖。

本书是我近 30 年研究与实践成果的总结，其中包含全身各部位简单、有效的塑形动作。只要大家坚持，拥有梦寐以求的窈窕身材将不再是梦。希望本书能帮助爱美女性解除有关身材和容貌的疑惑，避免使用高危险性的美容方法，轻松、安全地享有美丽与健康！

我也希望能与读者朋友进行互动，希望大家用微博、微信与我分享您的塑形经验。如果您有好的方法和建议，欢迎与我联系，我将万分感激。

张富源

2017 年 9 月 1 日